Margrit Amstutz

Fleischgerichte

preiswert und gut

FONA

www.fona.ch

Verantwortlich für das Lektorat:
Léonie Haefeli-Schmid
Gestaltung Cover:
Dora Eichenberger-Hirter, Birrwil
Gestaltung Inhalt:
Monika Baumgartner, Zürich
Foodbilder: Zuzana Trnka, Zürich
Styling Foodbilder:
Daniele Combertaldi, Zürich
Foodbilder Seiten 10, 11:
Yvo Kuthan, Zürich
Lithos: Neue Schwitter AG, Allschwil
Druck: Stalling, Oldenburg

ISBN 3-03780-200-6

Rezeptverzeichnis

EINFÜHRUNG

RAGOUTS

BRATEN

GEHACKTES – GESCHNETZELTES

SCHNITZEL UND CO.

SPEZIALITÄTEN

Wo nicht anders vermerkt, sind die Rezepte für 4 Personen berechnet.

Abkürzungen: EL = gestrichener Esslöffel, TL = gestrichener Teelöffel, dl = Deziliter, ml = Milliliter, l = Liter, Msp = Messerspitze

Fleischverzeichnis

KALBSFLEISCH

RINDSFLEISCH

SCHWEINSFLEISCH

LAMMFLEISCH

HACKFLEISCH UND BRÄT

INNEREIEN

Preiswerte Fleischgerichte

Es muss nicht immer Steak und Filet sein! Auch von günstigeren Fleischstücken lassen sich ganz herrliche Gerichte zaubern. Unsere Großmütter lehren uns, wie durch langsames Braten und Schmoren nicht alltägliche Delikatessen entstehen.

Viele der traditionellen Rezepte wurden unserer heutigen Ernährung angepasst. Selbstverständlich dürfen auch neue Kreationen nicht fehlen. Zwar haben Fleischgerichte aus günstigerem Fleisch eine etwas längere Garzeit, was aber nicht heißen will, dass sie dauernd überwacht werden müssen.

Anbraten auf dem Kochfeld, garen im Ofen

Kalbsrollbraten, Rinds- sowie Schweinsbraten werden jeweils auf dem Kochfeld im Bräter/im Brattopf rundum kräftig angebraten und dann in den vorgeheizten Backofen geschoben. Das Fleisch immer wieder mit dem Jus übergießen.

Braten füllen

In das Fleischstück wird mit einem scharfen Messer in der Mitte eine Tasche geschnitten. Die Füllung muss ganz locker eingefüllt werden, weil sie sich beim Braten/Garen ausdehnt. Die Einschnittstelle wird mit Küchengarn zusammengenäht. Bei einem Rollbraten wird die Füllung direkt auf das gewürzte Fleisch verteilt. Dabei wird rundum ein Rand von 2 cm frei gelassen. Vorsichtig einrollen und mit Küchengarn binden.

Braten portionieren

Vor dem Aufschneiden oder Tranchieren den Braten in Alufolie einwickeln und bei Zimmertemperatur 10 Minuten ruhen lassen. Während dieser Zeit wird der Fleischsaft gebunden und das Fleisch bleibt saftig. Den Braten mit einem scharfen Messer jeweils quer zur Faser in etwa 1 cm dicke Scheiben schneiden.

Zuerst anbraten, dann schmoren lassen

Braten und Ragout/Geschnetzeltes werden auf dem Kochfeld im Bräter/Brattopf kräftig angebraten und dann mit Wein/Fond/Bouillon abgelöscht und bei schwacher Hitze zugedeckt auf dem Kochfeld oder im Backofen geschmort. Flüssigkeit ab und zu kontrollieren, bei Bedarf Flüssigkeit nachgießen.

Tipps und Tricks

- Zum Anbraten muss das Öl oder die Bratbutter/der Butterschmalz heiß sein. Das Fleisch muss allseitig gut angebraten werden.

- Ragout und Geschnetzeltes in kleinen Portionen anbraten, damit die Temperatur nicht zu stark absinkt und sich rundum eine Kruste bilden kann. Wenn das Fleisch ungenügend angebraten ist, verliert es später Saft und Aroma.

- Durch die Beigabe von Gemüse wie zum Beispiel Karotten, Knollensellerie, Zwiebeln und Knoblauch bekommt die Sauce besonders viel Aroma. Das Gemüse soll nach dem Anbraten des Fleisches vor der Zugabe der Flüssigkeit nur kurz mitgedünstet werden, denn verbranntes Gemüse macht die Sauce bitter.

- Eine flüssige Sauce kann stets mit Mehlbutter (Mehl und Butter zu gleichen Teilen verkneten) gebunden werden. Diese Mehlbutter (je nach Menge 1 bis 2 Esslöffel) krümelig zur Sauce reiben und unter zeitweiligem Rühren 5 Minuten köcheln lassen. So verschwindet der Mehlgeschmack.

Fleisch-portionen

Bei den rezeptierten Mengen handelt es sich um Durchschnittswerte. Bei längerer Garzeit verliert das Fleisch an Gewicht.

HIER EIN PAAR MITTLERE WERTE PRO PERSON

Braten	150–200 g
gekochtes Fleisch	150–200 g
Ragout	150–200 g
Geschnetzeltes	130–150 g
Hackfleisch	120–150 g

Lagerung

- Selbstverständlich ist es am besten, das Fleisch noch gleichentags zuzubereiten. Braten und Ragout lassen sich aber problemlos 1 bis 2 Tage ohne Qualitätsverlust im Kühlschrank aufbewahren.

- Wenn man das Fleisch länger lagern möchte, lässt man es beim Metzger am besten vakuumieren. So kann es im Kühlschrank ohne Qualitätsverlust bis 10 Tage problemlos gelagert werden.

- Fleisch kann auch tiefgekühlt werden. Wichtig ist, dass es später schonend aufgetaut wird, also nicht bei Zimmertemperatur, sondern im Kühlschrank.

- Rohes Fleisch im Kühlschrank im Frischhaltebeutel oder in der Kühldose aufbewahren, so ist es auch gegen Fremdgeruch geschützt.

- Größere Fleischstücke vor dem Anbraten mit kaltem Wasser überbrausen und mit Küchenpapier trocknen. Kleinere Fleischstücke wie Ragout, Geschnetzeltes oder auch Schnitzel bei Bedarf mit Küchenpapier trocken tupfen.

Einkauf

Der Fleischkauf ist Vertrauenssache. Kaufen Sie das Fleisch dort, wo sie von der Qualität überzeugt sind, in der Metzgerei oder beim Großverteiler. Da wird man Ihnen auch Auskunft über die Herkunft und die Aufzucht der Tiere geben. Der Metzger berät Sie auch gerne, wenn es darum geht, das ideale Fleischstück für das gewählte Rezept zu kaufen.

RIND	geeignete Stücke CH	geeignete Stücke D
BRATEN	Rindshohrücken	Fehlrippe/Hohe Rippe
	Rindsschulterfilet	Bug
	Dicke Schulter	Schulter
	Schulterspitz	Blatt
RAGOUT	Hals	Hals/Kamm
	Schulter	Schulter
	Brust	Brust

KALB	geeignete Stücke CH	geeignete Stücke D
BRATEN	Hals	Hals/Nacken
	Brust	Brust
	Schulter	Schulter/Bug
	Laffe	Rücken
RAGOUT	Hals	Hals/Nacken
	Brust	Brust
	Laffe	Dünnung
	Schulter	Schulter

SCHWEIN	geeignete Stücke CH	geeignete Stücke D
BRATEN	Schulter	Schulter/Bug
	Hals	Nacken
	Brust	Dicke Rippe
RAGOUT	Schulter	Schulter/Bug
	Hals	Nacken
	Brust	Dicke Rippe, Bauch

LAMM	geeignete Stücke CH	geeignete Stücke D
BRATEN	Schulter	Schulter/Bug
	Brust	Brust
RAGOUT	Brust	Brust
	Hals	Hals/Nacken, Dünnung

Heller Kalbsfond

1 kg zerkleinerte Kalbsknochen
2 Kalbsfüße
3 Zwiebeln
3 Spross Stangensellerie
1 mittelgroße Lauchstange
2 Petersilienstängel
2 Lorbeerblätter

1

Kalbsknochen und Kalbsfüße mit reichlich Wasser aufkochen und 2 bis 3 Minuten kochen/blanchieren. In ein Sieb abgießen, die Knochen mit kaltem Wasser überbrausen.

2

Etwa 3 Liter Wasser aufkochen, die Knochen und die Kalbsfüße zugeben, bei schwacher Hitze offen 2 Stunden köcheln lassen.

3

Das Gemüse putzen/schälen und zerkleinern, mit den Petersilienstängeln und den Lorbeerblättern zu den Knochen geben, weitere 2 Stunden offen köcheln lassen.

4

Knochen und Gemüse mit einem Schaumlöffel herausnehmen, den Fond durch ein feines Sieb oder ein feines Baumwolltuch passieren. Abkühlen lassen. Die Fettschicht entfernen. Den Fond zum Tiefkühlen portionieren und in geeignete Tiefkühldosen abfüllen. Auch Eiswürfelbehälter eignen sich. Die gefrorenen Fondwürfel aus dem Behälter klopfen und in Dosen oder Beutel abfüllen und im Tiefkühler lagern.

Variante

Wenn das Fondkochen zu viel Aufwand bedeutet, kann man auch Fleischbrühewürfel/-extrakt/-granulat verwenden.

Dunkler Rindsfond

3 EL Öl
1½ kg zerkleinerte Rindsknochen
1 große Zwiebel
1 Karotte
1 mittelgroße Lauchstange
¼ Knollensellerie
1 Knoblauchzehe
1 Lorbeerblatt
2–3 Gewürznelken
6 schwarze Pfefferkörner

1

Den Ofen auf 180 °C vorheizen.

2

Das Öl und die Knochen in den Bräter geben, im Ofen bei 180 °C 30 Minuten rösten. Die Knochen ab und zu wenden.

3

Die gerösteten Knochen in einen großen Kochtopf geben, mit kaltem Wasser bedecken, bei schwacher Hitze offen 1 Stunde köcheln lassen.

4

Das Gemüse putzen/schälen und zerkleinern, mit den Gewürzen zusammen in den Topf geben, bei schwacher Hitze eine weitere Stunde köcheln lassen.

5

Knochen und Gemüse mit einem Schaumlöffel herausnehmen, den Fond durch ein feines Sieb oder ein feines Baumwolltuch passieren. Abkühlen lassen. Die Fettschicht entfernen. Den Fond zum Tiefkühlen portionieren und in geeignete Tiefkühldosen abfüllen. Auch Eiswürfelbehälter eignen sich. Die gefrorenen Fondwürfel aus dem Behälter klopfen und in Dosen oder Beutel abfüllen und im Tiefkühler lagern.

Ragouts

Weißes Kalbsragout

800 g Kalbsfleischwürfel für Ragout, Seite 9
2 dl/200 ml Weißwein
ca. 1 l Gemüsebrühe
1 mittelgroße Zwiebel
2 Lorbeerblätter
einige Gewürznelken
4 Thymianzweigchen
Salz
frisch gemahlener weißer Pfeffer
4 Frühlingszwiebeln/Lauchzwiebeln oder 1 kleine Lauchstange
2 Karotten

Weiße Sauce

3 EL Butter
2 EL Mehl
4 dl/400 ml Brühe vom Fleisch
1 dl/100 ml Rahm/Sahne
wenig Salz
2 EL gehackte Petersilie

1

Die Zwiebel schälen, halbieren, mit Lorbeerblatt und Gewürznelken bestecken.

2

Kalbfleischwürfel, Weißwein, Gemüsebrühe und Thymian in einen großen Kochtopf geben, aufkochen, mit Salz und Pfeffer würzen. Das Kalbfleisch zugedeckt bei schwacher Hitze etwa 50 Minuten zugedeckt köcheln lassen. Das Fleisch soll mit der Flüssigkeit gut bedeckt sein.

3

Frühlingszwiebeln halbieren. Karotten schälen, längs halbieren und quer in etwa 2 cm dicke Stücke schneiden. Zwiebeln und Karotten zum Fleisch geben, weitere 15 Minuten garen.

4

Für die Sauce die Butter schmelzen, das Mehl darin andünsten, die Brühe mit dem Schneebesen nach und nach unterrühren, erhitzen und etwa 10 Minuten bei schwacher Hitze köcheln lassen. Den Rahm unterrühren, nochmals kurz köcheln lassen, würzen. Die Petersilie zugeben.

5

Das Fleisch und das Gemüse mit einem Schaumlöffel aus der Brühe nehmen, zur Sauce geben, erhitzen. Anrichten.

Schweinsragout mit Wirz und Rüben

2 EL Erdnussöl
800 g Schweinsfleischwürfel für Ragout, Seite 9
4 dl/400 ml Fleischbrühe
300 g Wirz/Wirsing
4 Pfälzer Rüben
Salz
frisch gemahlener Pfeffer

Abbildung

1

Beim Wirz den Strunk entfernen, die Blätter in Streifen schneiden. Pfälzer Rüben schälen, je nach Größe längs halbieren/vierteln.

2

Das Schweinsfleisch im Brattopf im heißen Erdnussöl rundum kräftig anbraten, ablöschen mit der Fleischbrühe, aufkochen, zugedeckt bei schwacher Hitze 30 Minuten schmoren.

3

Den Wirz und die Rüben zum Fleisch geben und zugedeckt weitere 30 Minuten schmoren, bis die Rüben gar sind. Eventuell braucht es noch etwas mehr Fleischbrühe. Mit Salz und Pfeffer würzen.

Kalbsragout nach Toskaner Art

2 EL Olivenöl
800 g Kalbsfleischwürfel für Ragout, Seite 9
1 mittelgroße Zwiebel
2 Karotten
2 Spross Stangensellerie
1 Lauchstange
1 EL Tomatenpüree/-mark
1 Stück unbehandelte Zitronenschale
1 dl/100 ml Weißwein
3 dl/300 ml heller Kalbsfond, Seite 10, oder Fleischbrühe
2 EL fein gehackte Petersilie
2–3 EL Rahm/Sahne
wenig Salz
frisch gemahlener Pfeffer

1

Zwiebel, Karotten, Sellerie und Lauch putzen/schälen. Zwiebeln hacken, restliches Gemüse in Würfelchen schneiden.

2

Die Kalbsfleischwürfel in einem Brattopf im heißen Olivenöl kurz anbraten. Zwiebeln und Gemüse zugeben, andünsten. Tomatenpüree unterrühren und kurz mitdünsten. Die Zitronenschalen zugeben, mit Weißwein und Kalbsfond ablöschen, aufkochen. Das Ragout bei schwacher Hitze zugedeckt etwa 50 Minuten schmoren. Petersilie und Rahm unterrühren, abschmecken.

Züritopf

2 EL Erdnussöl
600 g Schweinsfleischwürfel für Ragout, Seite 9
2 dl/200 ml helles Bier
2 dl/200 ml Fleischbrühe
300 g Weißkabis/-kohl
4 fest kochende mittelgroße Kartoffeln
12 gekochte Marroni/Kastanien

1 EL Öl
8 Cipollata/Mini-Kalbsbratwürste

Abbildung

1

Beim Weißkabis den Strunk entfernen, die Blätter in Streifen schneiden. Die Kartoffeln schälen und vierteln.

2

Schweinsfleischwürfel in einem Brattopf im Erdnussöl rundum kräftig anbraten, mit dem Bier und der Fleischbrühe ablöschen, aufkochen und zugedeckt bei schwacher Hitze 30 Minuten schmoren. Weißkabis und Kartoffeln zum Ragout geben, zugedeckt weitere 30 Minuten schmoren, bis die Kartoffeln gar sind. Eventuell noch etwas mehr Fleischbrühe zugeben. Marroni beifügen, erwärmen.

3

Cipollata im heißen Öl braten, mit dem Ragout vermengen.

Wiener Kalbsgulasch

2 EL Erdnussöl
800 g Kalbsfleischwürfel für Ragout, Seite 9
2 große Zwiebeln
1–2 EL edelsüßes Paprikapulver
1 EL Tomatenpüree/-mark
1 dl/100 ml Weißwein
3–4 dl/300–400 ml heller Kalbsfond, Seite 10, oder Fleischbrühe
frisch gemahlener weißer Pfeffer
Salz
1 dl/100 ml Rahm/Sahne

1

Zwiebeln schälen und hacken.

2

Die Kalbsfleischwürfel in einem Brattopf im Erdnussöl rundum kräftig anbraten. Zwiebeln zugeben, andünsten. Paprikapulver und Tomatenpüree unterrühren, mit dem Weißwein ablöschen, offen ein wenig einkochen lassen. Den Fond zugeben, aufkochen, zugedeckt bei schwacher Hitze 50 Minuten schmoren. Abschmecken.

3

Den Rahm halb steif schlagen und sorgfältig unter das fertige Ragout mischen.

Ochsenschwanz-ragout mit Oliven

- 2 EL Olivenöl
- 1,2 kg Ochsenschwanz, in Stücke geschnitten
- 2 dl/200 ml Rotwein
- 4 dl/400 ml dunkler Rindsfond, Seite 11
- 1 Lorbeerblatt
- 4 Knoblauchzehen
- 1 unbehandelte Orange
- Salz
- frisch gemahlener Pfeffer
- 12 grüne Oliven
- 2 Thymianzweige, Blättchen abgezupft

1

Ochsenschwanzstücke in einem Bräter im heißen Olivenöl rundum anbraten, mit dem Rotwein ablöschen, aufkochen, offen ein wenig einkochen lassen. Rindsfond, Lorbeerblatt und geschälte Knoblauchzehen zugeben, zugedeckt bei schwacher Hitze 2 Stunden schmoren lassen. Eventuell etwas Wasser nachgießen.

2

Die Orangenschale dünn abschälen und die Schalen in Streifchen schneiden, Frucht auspressen, beides in den Bräter geben, das Ochsenschwanzragout eine weitere Stunde bei schwacher Hitze zugedeckt schmoren lassen.

3

Oliven zum Ragout geben, erwärmen. Würzen und anrichten. Mit denThymianblättchen bestreuen.

Rindsgulasch Esterházy

2 EL Olivenöl
800 g Rindsfleischwürfel für Gulasch, Seite 9
2 dl/200 ml Rotwein
3 dl/300 ml heller Kalbsfond, Seite 10, oder Fleischbrühe
Salz
frisch gemahlener Pfeffer
1–2 TL edelsüßes Paprikapulver
2 Karotten
1 mittelgroße Lauchstange
1 mittelgroße Zwiebel

1

Die Rindsfleischwürfel in einem Brattopf im heißen Öl rundum kräftig anbraten, mit dem Rotwein ablöschen, aufkochen, offen ein wenig einkochen lassen.

2

Den Kalbsfond zum Fleisch geben, aufkochen, mit Salz, Pfeffer und Paprikapulver würzen, zugedeckt bei schwacher Hitze etwa 1 Stunde schmoren lassen. Eventuell braucht es noch etwas Wasser.

3

Das Gemüse putzen/schälen. Karotten in etwa 6 cm lange Stücke schneiden und diese längs in zündholzdicke Stäbchen. Den Lauch ebenfalls in 6 cm lange Stücke schneiden und diese längs in Streifchen. Die Zwiebel halbieren und quer in feine Scheiben schneiden. Sämtliches Gemüse über Dampf knackig garen.

4

Das Rindsgulasch anrichten, mit den Gemüsestreifen garnieren.

2 EL Erdnussöl
800 g Schweinsfleischwürfel für Ragout, Seite 9
1 große Zwiebel
2 Knoblauchzehen
je 1 roter und grüner Peperoni/Paprikaschote
2 Karotten
2 Tomaten
3 dl/300 ml Fleischbrühe
1 kleine Dose Maiskörner
1 kleine Dose rote Bohnen/Kidneybohnen
Salz
frisch gemahlener Pfeffer
Cayennepfeffer

Schweinsragout nach mexikanischer Art

1

Zwiebel schälen und vierteln. Knoblauchzehen schälen. Peperoni vierteln, den Stielansatz und die Kerne entfernen. Die Karotten schälen und in 2 cm dicke Scheiben schneiden. Bei den Tomaten den Stielansatz kreisförmig herausschneiden, die Gemüsefrüchte vierteln.

2

Schweinsfleischwürfel in einem Brattopf im heißen Erdnussöl rundum anbraten. Zwiebeln, Knoblauch, Peperoni, Karotten und Tomaten zum Fleisch geben und andünsten, mit der Fleischbrühe ablöschen, aufkochen und zugedeckt bei schwacher Hitze etwa 1 Stunde schmoren lassen.

3

Abgetropfte Maiskörner und rote Bohnen in den Topf geben, mischen, erhitzen, würzen.

2 EL Olivenöl
800 g Lammfleischwürfel für Ragout, Seite 9
2 dl/200 ml Weißwein
2 dl/200 ml Fleischbrühe
1 TL Butter
300 g frische gemischte Pilze, z. B. Steinpilze, Eierschwämmchen/ Pfifferlinge, Champignons
200 g ausgelöste grüne Erbsen

Lammragout mit Pilzen

1

Die Lammfleischwürfel in einem Brattopf im heißen Olivenöl rundum anbraten. Mit dem Weißwein und der Fleischbrühe ablöschen, aufkochen, zugedeckt bei schwacher Hitze etwa 1 Stunde schmoren lassen. Eventuell noch etwas Flüssigkeit zugeben.

2

Die Pilze mit einem trockenen Tuch abreiben und je nach Größe zerkleinern, in der Butter dünsten, bis alle Flüssigkeit verdampft ist.

3

Die Erbsen zum Ragout geben und 5 Minuten köcheln lassen. Die Pilze zugeben, erwärmen.

2 EL Olivenöl
800 g Lammfleischwürfel für Ragout, Seite 9
1 mittelgroße Zwiebel
2 Knoblauchzehen
1–2 EL Tomatenpüree-/mark
3 dl/300 ml Fleischbrühe
2 Karotten
1 kleiner Knollensellerie
4 mittlere fest kochende Kartoffeln
Salz
frisch gemahlener Pfeffer
100 g Speckwürfelchen
3 EL gehackte glattblättrige Petersilie

Lammragout mit Wurzeln und Kartoffeln

1

Zwiebel und Knoblauchzehen schälen und hacken.

2

Die Lammfleischwürfel in einem Brattopf im heißen Olivenöl anbraten. Zwiebeln und Knoblauch zugeben und andünsten. Das Tomatenpüree unterrühren, mit der Fleischbrühe ablöschen, aufkochen und zugedeckt 30 Minuten bei schwacher Hitze schmoren lassen.

3

Karotten, Knollensellerie und Kartoffeln schälen und in mundgerechte Stücke schneiden, zum Fleisch geben und etwa 30 Minuten köcheln lassen, bis alles gar ist. Eventuell noch etwas Flüssigkeit zugeben. Mit Salz und Pfeffer würzen.

4

Speckwürfelchen in einer Bratpfanne ohne Fett knusprig braten.

5

Speckwürfelchen und Petersilie über das Ragout streuen.

Braten

Sauerbraten

1 kg Rindsbraten, Seite 9
1 mittelgroße Zwiebel
1 Karotte
¼ Knollensellerie
2 EL Erdnussöl
50 g Speckwürfelchen
2 EL zimmerwarme Butter
2 EL Mehl
Salz
frisch gemahlener Pfeffer

Marinade
½ l Rotwein
1–2 dl/100–200 ml Rotweinessig
1 mittelgroße Zwiebel
4 Pfefferkörner
2 Gewürznelken
1 Lorbeerblatt

1

Für die Marinade die Zwiebel schälen, in Scheiben schneiden, mit den übrigen Zutaten aufkochen, abkühlen lassen.

2

Das Fleisch in eine Schüssel legen. Die Marinade darüber gießen; das Fleisch soll vollständig zugedeckt sein. Im Kühlschrank zugedeckt 4 bis 5 Tage marinieren. Das Fleisch aus der Marinade nehmen, mit Küchenpapier trocken tupfen. Marinade erhitzen und durch ein Sieb passieren.

3

Speckwürfelchen in einem Bräter im heißen Erdnussöl anbraten. Herausnehmen. Den Backofen auf 220 °C vorheizen. Das Gemüse putzen/schälen, in mundgerechte Stücke schneiden.

4

Den Braten im Bräter rundum anbraten. Mit 3 dl/300 ml der Rotweinmarinade ablöschen. Zwiebeln, Karotten sowie Sellerie zugeben, aufkochen. Den Bräter zudecken, in der Mitte in den Backofen schieben, den Sauerbraten bei 220 °C 2 Stunden schmoren. Ab und zu etwas Marinade nachgießen. Bräter aus dem Ofen nehmen, den Braten warm stellen.

5

Die Sauce in ein Pfännchen passieren/absieben und aufkochen. Die zimmerwarme Butter mit dem Mehl verkneten, unter die Sauce rühren. Würzen. Den Braten in Scheiben schneiden. Mit der Sauce nappieren, Speckwürfelchen darüber streuen. Die restliche Sauce separat servieren.

Rindsbraten Tessinerart

2 EL Olivenöl
1 kg gespickter Rindsbraten, Seite 9
Salz
frisch gemahlener Pfeffer
4 Knoblauchzehen
4 kleinere Zwiebeln
2 dl/200 ml Rotwein
3 dl/300 ml dunkler Rindsfond, Seite 11, oder Fleischbrühe
2 Rosmarinzweigchen
1 Salbeizweigchen
1 Lorbeerblatt

1

Die Knoblauchzehen schälen. Die Zwiebeln schälen, halbieren.

2

Den Backofen auf 200 °C vorheizen.

3

Den Rindsbraten mit Salz und Pfeffer würzen, in einem Bräter im heißen Olivenöl rundum anbraten. Die Knoblauchzehen und die Zwiebeln dazu legen. Mit dem Rotwein und dem Rindsfond ablöschen und aufkochen. Kräuterzweigchen und Lorbeerblatt auf den Braten legen. Den Bräter zudecken, in der Mitte in den Ofen schieben, den Braten bei 200 °C etwa 2 Stunden schmoren. Die Sauce darf ruhig etwas einkochen.

4

Den Braten aus dem Ofen nehmen und in Alufolie einwickeln, 10 Minuten ruhen lassen.

5

Die Sauce zum Einkochen in ein Pfännchen passieren/absieben, abschmecken.

6

Mit der Sauce einen Spiegel auf die Teller gießen. Den Rindsbraten in nicht zu dicke Scheiben schneiden, mit dem Knoblauch und den Zwiebeln anrichten.

Milchbraten

2 EL Bratbutter/Butterschmalz
1 kg Kalbsbraten, Seite 9
Salz
frisch gemahlener weißer Pfeffer
1 Knoblauchzehe
4 dl/400 ml Milch
2 dl/200 ml heller Kalbsfond, Seite 10, oder Fleischbrühe
4 EL Dijonsenf
1 Lorbeerblatt
2 Gewürznelken
1 dl/100 ml Rahm/Sahne

1

Den Backofen auf 180 °C vorheizen.

2

Den Braten mit Salz und Pfeffer würzen, mit der geschälten und durchgepressten Knoblauchzehe einreiben. Den Braten in der heißen Bratbutter in einem Bräter rundherum anbraten. Milch, Kalbsfond und Senf glatt rühren, in den Bräter gießen, das Lorbeerblatt und die Gewürznelken zufügen.

3

Den Bräter zudecken, in der Mitte in den Backofen schieben, den Kalbsbraten bei 180°C 30 Minuten schmoren. Den Braten wenden, weitere 30 bis 40 Minuten schmoren.

4

Den Braten aus dem Backofen nehmen, in Alufolie einwickeln, 10 Minuten ruhen lassen.

5

Die Sauce in ein Pfännchen passieren/absieben, bei mittlerer Hitze auf die Hälfte einkochen lassen. Den Rahm zugeben, mit dem Stabmixer gut aufmixen, damit sich die beim Kochen entstandenen Milchflocken mit der Sauce und dem Rahm gut binden.

6

Den Kalbsbraten in Scheiben schneiden, anrichten, mit der Sauce umgießen.

Schweinsbraten mit Knoblauch

2 EL Olivenöl
1 kg Schweinsbraten, Seite 9, vom Metzger gerollt und gebunden
8 Knoblauchzehen
Salz
frisch gemahlener Pfeffer
1 ganze Knoblauchzwiebel
2 dl/200 ml Rotwein
1 Lorbeerblatt
2–3 dl/200–300 ml Fleischbrühe

1

Die Knoblauchzehen schälen, längs halbieren. Mit einem spitzen Messer kleine Einschnitte in den Braten schneiden, den Knoblauch in die Einschnitte drücken. Den Braten mit Salz und Pfeffer einreiben.

2

Die ganze, ungeschälte Knoblauchzwiebel unten anschneiden, ohne dass sie auseinander fällt.

3

Den Backofen auf 200 °C vorheizen.

4

Den Schweinsbraten in einem Bräter im heißen Olivenöl rundum anbraten. Die ganze Knoblauchzwiebel zugeben und kurz mitbraten. Mit dem Rotwein ablöschen, ein wenig einkochen lassen. Das Lorbeerblatt zugeben.

5

Die Hälfte der Gemüsebrühe in den Bräter gießen. Den Bräter in der Mitte in den Backofen schieben, Braten bei 200 °C 90 Minuten bis 2 Stunden schmoren lassen, ab und zu mit der restlichen Fleischbrühe beträufeln.

6

Den Braten 10 Minuten ruhen lassen. In Scheiben schneiden, anrichten. Die Sauce separat servieren.

2 EL Erdnussöl
1 kg Kalbsbraten vom Hals, vom Metzger gerollt und gebunden
Salz
frisch gemahlener Pfeffer
4–5 dl/400–500 dl heller Kalbsfond, Seite 10, oder Fleischbrühe
1 Lorbeerblatt
2 unbehandelte Orangen
2 EL Dijonsenf

Kalbsbraten mit Orangen

1
Den Backofen auf 220 °C vorheizen.

2
So viel der Orangenschalen dünn abschälen und in Streifchen schneiden, bis man 2 Esslöffel hat.

3
Den Braten mit Salz und Pfeffer einreiben, in Bräter im heißen Erdnussöl rundum anbraten, mit dem Kalbsfond ablöschen. Lorbeerblatt und Orangenschalenstreifchen auf dem Braten verteilen. Den Bräter in der Mitte in den Backofen schieben, den Kalbsrollbraten bei 220 °C etwa 1 Stunde garen, ab und zu mit der Sauce beträufeln, eventuell noch etwas mehr Kalbsfond zugeben.

4
Den Braten aus dem Bräter nehmen, in Alufolie einwickeln und 10 Minuten ruhen lassen.

5
Die Sauce in ein Pfännchen passieren/absieben. Eine Orange auspressen, den Fruchtsaft zusammen mit dem Dijonsenf unter die Sauce rühren.

6
Die restliche Orange schälen, die Frucht in Scheiben schneiden, entkernen. Den Kalbsrollbraten in Scheiben schneiden, mit den Orangenscheiben garnieren. Die Sauce separat servieren.

Gefüllte Kalbsbrust

für 4–6 Personen

2 EL Erdnussöl
1–1,2 kg Kalbsbrust, mit eingeschnittener Tasche
Salz
frisch gemahlener Pfeffer
2 EL Senf
5–6 dl/500–600 ml Kalbsfond, Seite 10, oder Fleischbrühe
1 Karotte
1 mittelgroße Zwiebel
2 Lorbeerblätter
einige Gewürznelken

Füllung

1 Scheibe Brot ohne Rinde
½ dl/50 ml warme Milch
250 g Kalbsbrät
1 Gewürzgurke
½ rote Peperoni/Paprikaschote
2 EL fein gehackte Petersilie
1 Knoblauchzehe, durchgepresst

1

Für die Füllung das Brot zerzupfen, in der warmen Milch quellen lassen, ausdrücken und mit einer Gabel fein zerstoßen. Die Gewürzgurke klein würfeln. Die Peperoni entkernen, die Fruchthälfte klein würfeln. Alle Zutaten für die Füllung gut vermengen und locker (die Füllung quillt während des Bratens etwas auf) in die Fleischtasche füllen. Die Öffnung mit Küchengarn zusammennähen. Die Kalbsbrust einrollen, mit Küchengarn binden.

2

Den Backofen auf 200 °C vorheizen.

3

Die Karotte schälen, in Stäbchen schneiden. Die Zwiebel schälen, halbieren, mit Lorbeerblatt und Nelken bestecken.

4

Den Kalbsrollbraten mit Salz, Pfeffer und Senf einstreichen, in einem Bräter im heißen Erdnussöl rundum anbraten. Karotten, besteckte Zwiebeln und die Hälfte des Kalbsfonds dazugeben.

5

Den Bräter in der Mitte in den Backofen schieben, den Braten bei 200 °C 90 Minuten schmoren, von Zeit zu Zeit mit dem restlichen Kalbsfond übergießen.

6

Bindegarn lösen, den Braten in Scheiben schneiden, anrichten, mit der Sauce beträufeln.

Schweinsbraten mit Aprikosen

2 EL Erdnussöl
1 kg Schweinsbraten, Seite 9
Salz
frisch gemahlener Pfeffer
2 dl/200 ml Weißwein
200 g Dörraprikosen
3 dl/300 ml Fleischbrühe

1

Den Backofen auf 200 °C vorheizen.

2

Den Schweinsbraten mit Salz und Pfeffer würzen, in einem Bräter im heißen Erdnussöl rundum anbraten. Mit dem Weißwein ablöschen. Die Dörraprikosen und die Hälfte der Fleischbrühe zugeben.

3

Den Bräter in der Mitte in den Ofen schieben, Braten bei 200 °C 90 Minuten bis 2 Stunden schmoren lassen. Ab und zu mit der restlichen Fleischbrühe beträufeln.

4

Den Braten in nicht zu dicke Scheiben schneiden, anrichten, mit den Aprikosen garnieren. Die Sauce separat servieren.

1

Die Lammschulter flach auf die Arbeitsfläche legen, Pesto darauf ausstreichen. Das Fleisch einrollen, mit Küchengarn binden, mit Pfeffer würzen.

2

Den Backofen auf 200 °C vorheizen.

3

Den Braten in einem Bräter im heißen Olivenöl rundum anbraten. Die geschälten Knoblauchzehen dazugeben, mit dem Rotwein ablöschen, ein wenig einkochen lassen. Die Hälfte der Fleischbrühe dazu gießen.

4

Bräter in der Mitte in den Ofen schieben und den Lammbraten bei 200 °C etwa 90 Minuten schmoren. Ab und zu mit der restlichen Fleischbrühe beträufeln.

5

Den Braten 10 Minuten ruhen lassen. Das Küchengarn lösen. Den Braten in Scheiben schneiden. Anrichten.

3 EL Olivenöl
800 g Lammschulter, vom Metzger zum Rollen vorbereitet
4–5 EL Pesto aus dem Glas
frisch gemahlener Pfeffer
4 Knoblauchzehen
2 dl/200 ml Rotwein
3 dl/300 ml Fleischbrühe

Gefüllter Lammbraten

3 EL Paniermehl/Semmelbrösel
2 EL heißes Wasser
2 Freilandeier
800 g gemischtes Hackfleisch, halb Rinds-, halb Schweinsfleisch
8 Bärlauchblätter, in Streifchen
Salz
frisch gemahlener Pfeffer
3 hart gekochte Freilandeier
1 Schweinsnetz
2 EL Bratbutter/Butterschmalz
4 dl/400 ml Fleischbrühe

Oster-Hackbraten

1

Das Paniermehl mit dem heißen Wasser verrühren, die Eier unterrühren. Das Hackfleisch und den Bärlauch zugeben, gut verkneten. Würzen.

2

Das Schweinsnetz kurz in kaltes Wasser legen, sorgfältig auf die Arbeitsfläche legen. Die Hälfte der Hackfleischmasse auf das Netz verteilen. Die hart gekochten Eier schälen und hintereinander leicht in die Hackfleischmasse drücken. Die restliche Hackfleischmasse darüber verteilen, einen Braten ähnlich einem Cake formen. Mit dem Netz gut umwickeln.

3

Den Backofen auf 200 °C vorheizen.

4

Den Hackbraten in einem Bräter in der heißen Bratbutter rundum anbraten. Die Hälfte der Fleischbrühe zugeben.

5

Den Bräter in der Mitte in den Ofen schieben, den Hackbraten bei 200 °C etwa 50 Minuten schmoren. Ab und zu mit der restlichen Fleischbrühe beträufeln.

750 g gehacktes Rindsfleisch
1 kleine Dose Zuckermaiskörner, abgetropft
1 Karotte
2 Essiggurken
1 mittelgroße Zwiebel
1 Freilandei
Salz
frisch gemahlener Pfeffer
Paprikapulver

Butter für die Form

Kalter Gemüse-Hackbraten

1

Die Karotte schälen, klein würfeln. Die Essiggurken ebenfalls klein würfeln. Die Zwiebel schälen und fein hacken.

2

Zutaten bis und mit dem Ei in eine Schüssel geben, vermengen, pikant würzen.

3

Den Backofen auf 180 °C vorheizen.

4

Eine Cakeform mit Butter ausstreichen. Die Hackfleischmasse einfüllen, glatt streichen und gut andrücken.

5

Die Form in der Mitte in den Backofen schieben, den Hackbraten bei 180 °C 1 Stunde backen.

6

Den Hackbraten in der Form erkalten lassen. Stürzen. In nicht zu dicke Scheiben schneiden.

Gehacktes und Geschnetzeltes

Geschnetzeltes an Biersauce

2 EL Bratbutter/Butterschmalz
600 g geschnetzeltes Schweinsfleisch
wenig Mehl
1 unbehandelte Orange, davon
1 EL Orangenschalen-Streifchen
1 Schalotte, fein gehackt
2 dl/200 ml Bier
1 dl/100 ml Fleischbrühe
Salz
frisch gemahlener Pfeffer
2 EL fein gehackte Petersilie

1

Fleisch leicht mehlen, am besten geht das mit einem Teesiebchen.

2

Das Schweinsfleisch in einem Brattopf in der heißen Bratbutter anbraten, Orangenschalen und Schalotten zugeben, andünsten, mit dem Bier ablöschen, aufkochen, offen bei mittlerer Hitze ein wenig einkochen lassen. Die Fleischbrühe zugeben, bei schwacher Hitze zugedeckt 15 Minuten köcheln. Würzen.

3

Das Fleisch anrichten. Mit der Petersilie garnieren.

Geschnetzeltes an Senfsauce

2 EL Erdnussöl
600 g geschnetzeltes Rindsfleisch
je 1 roter und grüner Peperoni/Paprikaschote
200 g Champignons
2 EL Dijonsenf
2 dl/200 ml Fleischbrühe
Salz
frisch gemahlener Pfeffer
Paprikapulver
8 Cherrytomaten
1 dl/100 ml Rahm/Sahne

Abbildung

1

Peperoni entstielen, Gemüsefrüchte vierteln, Kerne und weiße Rippen entfernen, in Streifen schneiden. Pilze in feine Scheiben schneiden.

2

Das Rindsfleisch in einem Brattopf im heißen Erdnussöl gut anbraten. Champignons und Peperoni zufügen, andünsten, den Senf unterrühren, mit der Fleischbrühe ablöschen, aufkochen, würzen. Zugedeckt bei schwacher Hitze 15 Minuten garen. Cherrytomaten zugeben, nochmals 5 Minuten köcheln lassen. Den Rahm zugeben, die Sauce etwas einkochen lassen.

Geschnetzeltes an Apfelweinsauce

2 EL Bratbutter/Butterschmalz
600 g geschnetzeltes Schweinsfleisch
wenig Mehl
1 rotschaliger Apfel
1–2 dl/100–200 ml Apfelwein
1 dl/100 ml Fleischbrühe
2–3 EL Calvados
1 dl/100 ml Rahm/Sahne
Salz und frisch gemahlener Pfeffer

1

Das Fleisch leicht mehlen, am besten geht das mit einem Teesiebchen.

2

Den Apfel schälen, vierteln und entkernen, die Viertel quer in feine Scheiben schneiden.

3

Das Fleisch im Brattopf in der heißen Bratbutter anbraten, die Äpfel zugeben, kurz andünsten, Apfelwein, Fleischbrühe und Calvados zugeben, aufkochen, bei schwacher Hitze etwa 15 Minuten zugedeckt köcheln lassen, den Rahm zugeben, die Sauce einköcheln. Würzen.

Geschnetzeltes mit Sommergemüse

2 EL Olivenöl
600 g geschnetzeltes Schweinsfleisch
wenig Mehl
je 1 roter und grüner Peperoni/ Paprikaschote
1 Zucchino
1 dl/100 ml Weißwein
2 dl/200 ml Fleischbrühe
8 Cherrytomaten
Salz
frisch gemahlener Pfeffer
1 EL gezupfte Oreganoblättchen

Abbildung

1

Das Fleisch leicht mehlen, am besten mit einem Teesiebchen.

2

Peperoni entstielen, die Früchte vierteln, die Kerne und die weißen Rippen entfernen, quer in Streifen schneiden. Zucchino beidseitig kappen, in 3 bis 4 mm dicke Scheiben schneiden.

3

Fleisch im Brattopf im heißen Olivenöl anbraten. Peperoni und Zucchini zugeben, andünsten, mit Weißwein und Fleischbrühe ablöschen, aufkochen, bei schwacher Hitze zugedeckt rund 10 Minuten köcheln lassen. Cherrytomaten zugeben, weitere 5 Minuten köcheln lassen, würzen. Das Fleisch anrichten, mit Oreganoblättchen garnieren.

1 EL Erdnussöl
500 g geschnetzeltes Schweinsfleisch
wenig Mehl
1 kleine Zwiebel
150 g Champignons
2–3 TL Curry, Schärfe nach Vorliebe
1 dl/100 ml Fleischbrühe
2 dl/200 ml Rahm/Sahne
Salz

Garnitur
2 Kiwis

1

Das Fleisch leicht mehlen, am besten geht das mit einem Teesiebchen.

2

Die Zwiebel schälen und fein hacken. Die Champignons in Scheiben schneiden.

3

Das Fleisch in einem Brattopf im heißen Erdnussöl anbraten. Zwiebeln und Champignons zugeben, andünsten, Curry darüber streuen und kurz mitdünsten, mit der Fleischbrühe ablöschen, aufkochen, bei schwacher Hitze zugedeckt 10 Minuten köcheln lassen. Den Rahm zugeben und weitere 5 Minuten köcheln lassen. Würzen.

4

Die Kiwis beidseitig kappen, schälen, die Früchte in Scheiben schneiden.

5

Das Curry-Geschnetzelte anrichten, mit den Kiwischeiben garnieren.

Curry-Geschnetzeltes

Geschnetzeltes nach Burgunder Art

2 EL Erdnussöl
600 g geschnetzeltes Rindsfleisch
3 dl/300 ml Rotwein
1 dl/100 ml dunkler Rindsfond, Seite 11, oder Bratensauce
frisch gemahlener Pfeffer
200 g Champignons
200 g Saucenzwiebeln
30 g Speckwürfelchen
2 Scheiben Toastbrot, klein gewürfelt

1

Die Champignons je nach Größe klein schneiden. Die Saucenzwiebeln schälen.

2

Das Rindsfleisch in einem Brattopf im heißen Erdnussöl anbraten, mit dem Rotwein und dem Rindsfond ablöschen, aufkochen, mit Pfeffer würzen, Fleisch zugedeckt bei mittlerer Hitze etwa 5 Minuten schmoren. Pilze und Saucenzwiebeln zugeben, zugedeckt bei schwacher Hitze 15 Minuten schmoren.

3

Speckwürfelchen und Brotwürfelchen in einer Bratpfanne ohne Fett rösten/knusprig braten.

4

Das Geschnetzelte anrichten, das Speck-Brot-Gemisch darüber verteilen.

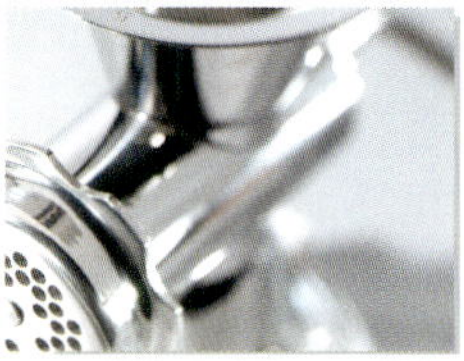

Hamburger mit Apfelscheiben

3 EL Paniermehl/Semmelbrösel
4 EL Rahm/Sahne
500 g gemischtes Hackfleisch, halb Rinds-, halb Schweinsfleisch
1 große Zwiebel, fein gehackt
4 EL fein gehackte Petersilie
Salz
frisch gemahlener Pfeffer
Paprikapulver

2 EL Bratbutter/Butterschmalz

Garnitur
8 entkernte Apfelscheiben mit Schale
2 EL Butter
Abbildung

1

Das Paniermehl mit dem Rahm mischen, kurz quellen lassen. Hackfleisch, Zwiebeln und Petersilie zugeben, durchkneten. Würzen.

2

Aus der Fleischmasse 8 Burger formen und in einer Bratpfanne in der heißen Bratbutter bei mittlerer Hitze unter öfterem Wenden je Seite etwa 5 Minuten braten.

3

Die Apfelscheiben in der mäßig heißen Butter kurz braten.

4

Auf jeden Hamburger eine Apfelscheibe legen. Eventuell in ein Brötchen einklemmen.

Rindshackfleisch an Rotweinsauce

2 EL Olivenöl
500 g gehacktes Rindsfleisch
1 kleine Zwiebel, fein gehackt
1 Knoblauchzehe, durchgepresst
1 TL Tomatenpüree/-mark
1½ dl/150 ml Rotwein
2 dl/200 ml Fleischbrühe
Salz
frisch gemahlener Pfeffer
frischer Majoran

Das Rindshackfleisch in einem Brattopf im heißen Öl kräftig anbraten, Zwiebeln und Knoblauch zugeben, kurz mitbraten. Tomatenpüree unterrühren, kurz mitdünsten, mit dem Rotwein ablöschen, aufkochen, bei mittlerer Hitze ein wenig einkochen lassen. Die Fleischbrühe zugeben, aufkochen, zugedeckt bei schwacher Hitze 20 Minuten köcheln lassen. Eventuell noch Fleischbrühe zugeben. Würzen, mit Majoran abschmecken.

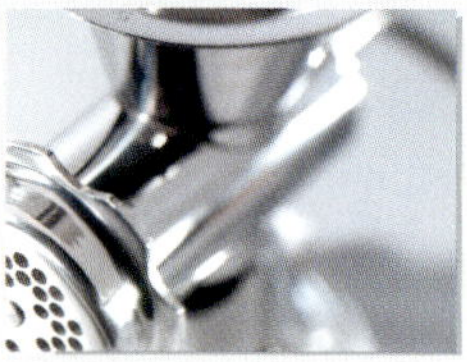

Laubfrösche

16 große Lattich- oder Kopfsalatblätter
Salzwasser

1 EL Bratbutter/Butterschmalz
1 dl/100 ml Fleischbrühe
1 dl/100 ml Rahm/Sahne
2 EL fein gehackte Petersilie

Füllung
1 EL Bratbutter/Butterschmalz
400 g Hackfleisch, Rinds-, Kalbs- und Schweinsfleisch gemischt
1 kleine Zwiebel, fein gehackt
2–3 Salbeiblätter, in Streifchen
Salz
frisch gemahlener Pfeffer

1

Die Lattich- oder Kopfsalatblätter im kochenden Salzwasser kurz blanchieren (damit man sie besser wickeln kann). Mit einem Schaumlöffel herausnehmen, unter kaltem Wasser abschrecken, abtropfen lassen, auf Geschirrtüchern ausbreiten, das heißt immer zwei Blätter halb übereinander legen.

2

Für die Füllung das Hackfleisch in der heißen Bratbutter anbraten, Zwiebeln und Salbei zugeben, kurz mitdünsten. Würzen, leicht abkühlen lassen.

3

Die Füllung auf die Blätter verteilen, Kugeln formen.

4

Die Bratbutter in einer weiten Pfanne erhitzen. Die Laubfrösche mit dem Blattende unten in die Pfanne legen. Die Fleischbrühe beigeben, aufkochen, zugedeckt bei schwacher Hitze 20 Minuten schmoren lassen. Die Laubfrösche warm stellen.

5

Die Brühe bei starker Hitze auf die Hälfte einkochen lassen, den Rahm und die Petersilie zugeben, erhitzen.

6

Die Laubfrösche auf vorgewärmten Tellern anrichten und mit der Sauce umgießen.

Hackfleischbällchen mit Tomatensauce

1 dl/100 ml handwarme Milch
50 g Weißbrot
500 g gemischtes Hackfleisch, halb Rinds-, halb Schweinsfleisch
1 große Zwiebel, fein gehackt
4 EL fein gehackte Petersilie
1 Freilandei
Salz
frisch gemahlener Pfeffer

2 EL Erdnussöl

Tomatensauce
1 EL Olivenöl
1 Zwiebel
1 Knoblauchzehe
1 kleine Dose Pelati
Salz
frisch gemahlener Pfeffer

1

Das Brot in Würfelchen schneiden, 10 Minuten in der warmen Milch einweichen. Mit einer Gabel fein zerstoßen.

2

Eingeweichtes Brot, Hackfleisch, Zwiebeln, Petersilie und Ei gut vermengen, mit Salz und Pfeffer würzen. Aus der Masse etwa 16 Bällchen formen.

3

Für die Sauce die Zwiebel schälen und fein hacken. Die Knoblauchzehe schälen und durchpressen. Bei den Pelati den Stielansatz entfernen, die Tomaten würfeln. Zwiebeln und Knoblauch im heißen Olivenöl andünsten, die Pelati zugeben, aufkochen, 10 Minuten köcheln lassen. Würzen.

4

Das Erdnussöl in einer Bratpfanne erhitzen, die Fleischbällchen rundum etwa 8 Minuten braten.

5

Fleischbällchen anrichten, mit der Tomatensauce übergießen.

2 EL Olivenöl
400 g gehacktes Rindsfleisch
1 kleine Zwiebel
1 Knoblauchzehe
1 Zucchino
1 roter Peperoni/Paprikaschote
2 Rosmarinzweigchen
2 dl/200 ml Fleischbrühe
Salz
frisch gemahlener Pfeffer

Omeletts-Teig
4 Freilandeier
2½ dl/250 ml Milch
1 TL Olivenöl
200 g Weißmehl/Mehltype 550
1 TL Salz
Öl oder Butter zum Ausbacken

Omeletts mit Hackfleisch-Gemüse-Füllung

1

Für den Teig Eier, Milch und Olivenöl verquirlen. Das Mehl und das Salz zugeben und zu einem glatten Teig rühren. Mindestens 30 Minuten zugedeckt quellen lassen.

2

Die Zwiebel schälen und fein hacken. Die Knoblauchzehe schälen und durchpressen. Zucchino beidseitig kappen, klein würfeln. Den Peperoni halbieren, entstielen und entkernen, Fruchthälften klein würfeln.

3

Das Hackfleisch in einem Brattopf im heißen Olivenöl kräftig anbraten, Zwiebeln und Knoblauch zugeben und kurz mitbraten, Gemüse und Rosmarinzweigchen zugeben, mitdünsten, mit der Fleischbrühe ablöschen, bei schwacher Hitze zugedeckt etwa 20 Minuten köcheln lassen. Die Rosmarinzweigchen entfernen, das Hackfleisch würzen.

4

In einer beschichteten Bratpfanne wenig Öl oder Butter nicht zu stark erhitzen. Aus dem Teig 4 Omeletts ausbacken. Warm stellen.

5

Das Hackfleisch auf die Omeletts häufen, rundum einschlagen, d. h. ein Päckchen formen. Auf dem Bild wurde das Päckchen mit den Teigenden unten auf Teller gestellt und kreuzweise eingeschnitten.

Schnitzel und Co.

2 EL Erdnussöl
8 dünne Scheiben Rindsfleisch zum Schmorbraten
Salz
frisch gemahlener Pfeffer
1 EL Dijonsenf
8 Speckscheiben
2 Essiggurken
50 g Gruyère
1 mittelgroße Zwiebel
4 Lorbeerblätter
einige Gewürznelken
2 Karotten
2 dl/200 ml Rotwein
3 dl/300 ml dunkler Rindsfond, Seite 11, oder Fleischbrühe

Rindsfleischvögel an Rotweinsauce

1

Die Fleischscheiben mit Salz und Pfeffer würzen, auf die Arbeitsfläche legen, mit dem Senf bestreichen und den Speckscheiben belegen. Gruyère und Essiggurken in Stäbchen schneiden, auf den Speck legen, einrollen, mit Zahnstochern fixieren.

2

Die Zwiebel schälen und halbieren, die Hälften mit Lorbeerblättern und Gewürznelken bestecken. Die Karotten schälen, in Stäbchen schneiden.

3

Die Fleischvögel in einem Brattopf im heißen Erdnussöl rundum anbraten, die Zwiebeln und die Karotten zugeben und kurz mitbraten, mit dem Rotwein und dem Rindsfond ablöschen, aufkochen, bei schwacher Hitze zugedeckt etwa 1 Stunde schmoren. Ab und zu wenden.

Rindssaftschnitzel

1 EL Öl
600 g dünne Scheiben Rindsfleisch zum Saftbraten
Salz
frisch gemahlener Pfeffer
1 EL Dijonsenf
150 g Champignons
100 g Schinkenwürfelchen
2 Rosmarinzweigchen
2–3 dl/200–300 ml Rotwein
Abbildung

1
Die Fleischscheiben mit Salz und Pfeffer würzen, beidseitig mit Dijonsenf einstreichen.

2
Die Champignons in Scheiben schneiden. Den Brattopf mit Öl einpinseln.

3
Fleischscheiben, Champignons sowie Schinkenwürfelchen lagenweise in den Topf schichten, Rosmarinzweigchen darauf legen, den Rotwein dazu gießen, aufkochen, Fleisch bei schwacher Hitze zugedeckt etwa 50 Minuten schmoren lassen.

Rindssaftschnitzel mit Oliven

2 EL Olivenöl
600 g dünne Scheiben Rindsfleisch zum Saftbraten
2 Knoblauchzehen
3 Tomaten
einige Thymianzweigchen
2 dl/200 ml Rotwein
2 dl/200 ml dunkler Rindsfond, Seite 11, oder Fleischbrühe
100 g schwarze Oliven, nach Belieben entsteint
frisch gemahlener Pfeffer

1
Tomaten an der Spitze kreuzweise einschneiden, im Schaumlöffel in kochendes Wasser tauchen, bis sich die Haut löst, unter fließendem kaltem Wasser abschrecken. Den Stielansatz kreisförmig herausschneiden, die Gemüsefrüchte vierteln und entkernen, klein würfeln. Knoblauchzehen schälen, längs halbieren.

2
Die Fleischschnitzel in einem Brattopf im heißen Olivenöl anbraten. Knoblauch, Tomaten und Thymian zufügen und andünsten. Mit dem Rotwein und dem Rindsfond ablöschen, aufkochen, bei schwacher Hitze zugedeckt 30 Minuten köcheln lassen. Die Oliven zugeben und weitere 20 Minuten köcheln lassen. Würzen.

Gefüllte Schweinsschnitzel

3 EL Bratbutter/Butterschmalz
4 große, dünn geklopfte Schweinsschnitzel, je 120 g
Salz
frisch gemahlener Pfeffer
2 Scheiben Schinken
50 g Streichleberwurst
2 EL fein geschnittener Schnittlauch
Mehl
2 Freilandeier
Paniermehl/Semmelbrösel
1 Zitrone

1

Die Schweinsschnitzel mit Salz und Pfeffer würzen und mit je einer halben Scheibe Schinken belegen. Den Schnittlauch mit der Streichleberwurst vermengen, auf dem Schinken ausstreichen. Die Schnitzel zusammenklappen oder einrollen, mit Zahnstochern fixieren. Zuerst in Mehl, dann in den verquirlten Eiern und im Paniermehl wenden.

2

Die Schnitzel in einer Bratpfanne in der Bratbutter bei mittlerer Hitze langsam knusprig braten. Mit den Zitronenscheiben garnieren.

Schweinsschnitzel nach Walliser Art

2 EL Erdnussöl
4 Schweinsschnitzel, je 150 g
1 EL Senf
1 Williams-Birne
4 Scheiben Raclettekäse
frisch gemahlener Pfeffer
1 dl/100 ml Weißwein

1
Den Backofen auf 220 °C vorheizen.

2
Die Schweinsschnitzel beidseitig mit Senf bestreichen.

3
Schnitzel in einer Bratpfanne im heißen Öl kurz anbraten.

4
Weißwein in eine Gratinform gießen. Die Schnitzel hineinlegen. Die Birne halbieren, entkernen, die Hälften in dünne Scheiben schneiden, fächerartig auf die Schnitzel legen. Mit einer Scheibe Raclettekäse abschließen.

5
Die Walliser Schnitzel im Ofen bei 220 °C überbacken, bis der Käse geschmolzen ist.

Saltimbocca

2 EL Olivenöl
8 dünn geklopfte Schweinsschnitzel, je 50 g
Salz
frisch gemahlener Pfeffer
4 Scheiben Rohschinken
8 Salbeiblätter
Abbildung

1

Die Schnitzel mit Salz und Pfeffer würzen. Mit einer halben Rohschinkenscheibe belegen. Salbeiblätter darauf legen, mit Zahnstochern fixieren.

2

Das Olivenöl in einer Bratpfanne erhitzen, Saltimbocca beidseitig etwa 2 Minuten braten. Saltimbocca aus der Bratpfanne nehmen und anrichten.

Kalbsbrustschnitten mit Nusskruste

2 EL Erdnussöl
4 Kalbsbrustschnitten, je 150 g, vom Metzger rund gebunden
2 dl/200 ml Weißwein
2–3 dl/200–300 ml heller Kalbsfond, Seite 10, oder Fleischbrühe
Salz, frisch gemahlener Pfeffer

Kruste
4 EL geriebene Baumnuss-/Walnusskerne
1 Knoblauchzehe, durchgepresst
1 EL fein gehackte Petersilie
2 EL Olivenöl
Salz
frisch gemahlener Pfeffer

1

Die Kalbsbrustschnitten in einem Brattopf im heißen Erdnussöl anbraten, mit dem Weißwein und dem Kalbsfond ablöschen, aufkochen und bei schwacher Hitze zugedeckt etwa 45 Minuten schmoren lassen. Würzen.

2

Für die Kruste die Baumnüsse, den Knoblauch, die Petersilie und das Olivenöl gut vermengen und würzen.

3

Backofen auf 250 °C vorheizen.

4

Die Kalbsbrustschnitten in eine feuerfeste Form legen, die Nussmasse auf dem Fleisch ausstreichen.

5

Die Gratinform in der oberen Hälfte in den Backofen schieben, die Nusskruste bei 250 °C goldbraun backen.

Schwalbennester

2 EL Bratbutter/Butterschmalz
4 dünn geklopfte, große Schweinsschnitzel, je 120 g
Salz
frisch gemahlener Pfeffer
Paprikapulver
4 hart gekochte Freilandeier
2 dl/200 ml Weißwein
1 dl/100 ml Fleischbrühe
2 EL fein geschnittener Schnittlauch

1

Die Schweinsschnitzel mit Salz, Pfeffer und Paprika würzen.

2

Je ein ganzes, geschältes Ei in die Schnitzel einwickeln und mit Küchengarn binden. Fleischpäckchen in einem Bratptopf in der heißen Bratbutter rundum braten, mit dem Weißwein und der Fleischbrühe ablöschen, bei schwacher Hitze zugedeckt etwa 15 Minuten köcheln lassen.

3

Die Schwalbennester anrichten, mit dem Schnittlauch garnieren.

Kalbsbrustschnitten mit Salbei

1 EL Erdnussöl
4 Kalbsbrustschnitten, je 150 g, vom Metzger rund gebunden
1 mittelgroße Zwiebel, fein gehackt
1 EL Tomatenpüree/-mark
2 dl/200 ml Weißwein
2 dl/200 ml heller Kalbsfond, Seite 10, oder Fleischbrühe
Salz
frisch gemahlener Pfeffer
1 dl/100 ml Rahm/Sahne

8 Salbeiblätter
1 TL Butter

Abbildung

1

Die Kalbsbrustschnitten in einem Brattopf im heißen Erdnussöl anbraten. Zwiebeln und Tomatenpüree mitdünsten, mit dem Weißwein und dem Kalbsfond ablöschen, aufkochen, würzen. Zugedeckt bei schwacher Hitze 45 Minuten schmoren lassen. Den Rahm unterrühren, bei schwacher Hitze offen ein wenig einkochen lassen.

2

Die Salbeiblätter in der Butter leicht knusprig braten.

3

Kalbsbrustschnitten anrichten, mit dem Salbei garnieren.

2 EL Erdnussöl
4–8 Schweinshaxen, je nach Größe
3 Karotten
3 Spross Stangensellerie
1 große Zwiebel
2 dl/200 ml Rotwein
2 dl/200 ml Fleischbrühe
1 Lorbeerblatt
1 EL abgezupfte Majoranblättchen

Schweinshaxen mit Gemüse

1

Die Karotten schälen und in mundgerechte Stücke schneiden. Den Stangensellerie in etwa 3 cm lange Stücke schneiden. Die Zwiebel schälen und in Ringe schneiden.

2

Die Schweinshaxen in einem Brattopf im heißen Erdnussöl rundum anbraten. Karotten, Stangensellerie und Zwiebeln zugeben und andünsten, mit dem Rotwein und der Fleischbrühe ablöschen, aufkochen. Das Lorbeerblatt zugeben. Die Haxen je nach Größe zugedeckt 1 bis 1¼ Stunde schmoren. Eventuell braucht es noch etwas mehr Fleischbrühe.

3

Die Schweinshaxen anrichten. Mit dem Majoran garnieren.

Schweinssteak mit Speck

1–2 EL Erdnussöl
4 Schweinssteaks vom Hals, je 150 g
Salz
frisch gemahlener Pfeffer
4 TL scharfer Senf
4 Scheiben Bratspeck

Abbildung

1
Die Schweinsteaks mit dem Salz und dem Pfeffer würzen und auf beiden Seiten mit Senf bestreichen.

2
Das Erdnussöl in der Bratpfanne erhitzen, Steaks beidseitig braten, total 10 bis 15 Minuten. Die Speckscheiben kurz mitbraten und auf das Fleisch legen.

Schweinssteak mit Peperonisauce

2 EL Erdnussöl
4 Schweinssteaks, je 150 g
Salz
frisch gemahlener Pfeffer
1 roter Peperoni/Paprikaschote
2 Essiggurken
1–2 TL Paprikapulver
2 dl/200 ml helles Bier
1 dl/100 ml heller Bratenjus
2 EL fein gehackte Petersilie

1
Die Peperoni halbieren, Stielansatz und Kerne entfernen, die Fruchthälften klein würfeln. Die Essiggurken klein würfeln.

2
Die Steaks mit Salz und Pfeffer würzen, in einem Brattopf im heißen Erdnussöl auf beiden Seiten anbraten. Peperoni und Essiggurken zugeben, andünsten, das Paprikapulver darüber streuen, mit Bier und Bratenjus ablöschen und zugedeckt bei schwacher Hitze je nach Dicke der Steaks 10 bis 20 Minuten schmoren lassen.

3
Die Schweinssteaks zusammen mit der Peperonisauce anrichten. Mit der Petersilie garnieren.

Spezialitäten

1 EL Erdnussöl
500 g Kutteln/Pansen, in Streifen
1 Zwiebel
1 dl/100 ml Weißwein
1 dl/100 ml Fleischbrühe
1 kleine Dose Pelati
Salz
frisch gemahlener Pfeffer

1 große Karotte
1 kleine Lauchstange
Basilikum für die Garnitur

Kutteln an Tomatensauce

1

Die Zwiebel schälen und fein hacken. Bei den Pelati den Stielansatz entfernen, die Tomaten würfeln.

2

Die Kutteln im Erdnussöl andünsten, die Zwiebeln zugeben und mitdünsten, mit dem Weißwein und der Fleischbrühe ablöschen, die Tomaten samt Saft zugeben, aufkochen und würzen. Die Kutteln nicht zu weich kochen. Je nach Metzgerei sind sie unterschiedlich lang vorgekocht.

3

Die Karotte schälen und mit dem Sparschäler breite Streifen abziehen. Beim Lauch das Hüllblatt entfernen, die Stange in etwa 10 cm lange Stücke schneiden und diese längs halbieren, die Teile auseinander nehmen. Karotten und Lauch über Dampf knackig garen.

4

Die Kutteln auf Polentarondellen anrichten, mit dem Gemüse und dem Basilikum garnieren.

600 g Kutteln/Pansen, am Stück
2 dl/200 ml Weißwein
2 dl/200 ml Fleischbrühe
1 kleine Zwiebel
2 Lorbeerblätter
einige Gewürznelken
1 Karotte
1 Stück Knollensellerie

Vinaigrette
2 EL Weißweinessig
1 TL Dijonsenf
6 EL Olivenöl
frisch gemahlener Pfeffer
Salz
1 Zwiebel, fein gehackt

1 hart gekochtes Ei, gehackt
3 EL fein geschnittener Schnittlauch

Kutteln an Vinaigrette

1

Die Kutteln in etwa 3 cm große Quadrate schneiden. Die Zwiebel schälen, halbieren und die Hälften mit dem Lorbeerblatt und den Gewürznelken bestecken. Die Karotte und den Sellerie schälen und in Stäbchen schneiden.

2

Kutteln, Weißwein, Fleischbrühe, Zwiebeln, Karotten und Sellerie aufkochen, bei schwacher Hitze 15 Minuten köcheln lassen. In ein Sieb abgießen, erkalten lassen. Die Zwiebeln entfernen.

3

Für die Vinaigrette Essig, Senf und Olivenöl verrühren, mit Salz und Pfeffer würzen. Zwiebeln zufügen.

4

Kutteln und Gemüse mit der Vinaigrette vermengen, 15 Minuten ziehen lassen. Das Ei schälen und hacken, den Schnittlauch fein schneiden, unter den Salat mischen.

1 Rindszunge
1 große Zwiebel
4 Lorbeerblätter
einige Gewüznelken
1 EL Salz

Sauce
1 EL Butter
1 EL Mehl
1 dl/100 ml Weißwein
2–3 dl/200–300 ml Kochsud der Zunge
3 EL Kapern
½ dl/50 ml Rahm/Sahne
wenig Cayennepfeffer
grob gehackte Petersilie

Rindszunge mit Kapernsauce

1

Die Zwiebel schälen, halbieren und mit den Lorbeerblättern und den Gewürznelken bestecken. Rindszunge, besteckte Zwiebeln und Salz in einen großen Kochtopf geben, die Zunge mit Wasser bedecken, aufkochen. Die Rindszunge bei schwacher Hitze zugedeckt 70 bis 80 Minuten köcheln lassen.

2

Für die Sauce die Butter in einer Pfanne zergehen lassen, das Mehl unterrühren und kurz andünsten, den Weißwein und den Kochsud unterrühren, die Kapern zugeben, unter Rühren bei schwacher Hitze offen köcheln lassen, bis die Sauce die richtige Konsistenz hat. Mit dem Rahm verfeinern. Abschmecken.

3

Die Zunge aus dem Sud nehmen, schälen und in feine Scheiben schneiden, anrichten und mit der Sauce beträufeln.

Kalbsnieren an Senfsauce

2 EL Bratbutter/Butterschmalz
500 g Kalbsnieren, gesäubert
1 mittelgroße Zwiebel, in feinen Scheiben
2 dl/200 ml heller Kalbsfond, Seite 10, oder Fleischbrühe
2 EL grobkörniger Senf
2 EL Cognac
1 dl/100 ml Rahm/Sahne
Salz
1 TL gezupfte Estragonblättchen
frisch gemahlener Pfeffer
Abbildung

1

Die ganzen Nieren in einer Bratpfanne in der heißen Bratbutter anbraten, Zwiebeln zugeben und andünsten. Mit dem Kalbsfond ablöschen, aufkochen. Den Senf unterrühren. Die Nieren bei schwacher Hitze zugedeckt 5 Minuten köcheln lassen.

2

Den Cognac mit dem Rahm unterrühren, kurz köcheln lassen. die Estragonblättchen unterrühren, mit Pfeffer abschmecken.

Rindsleber mit Apfelscheiben

2 EL Erdnussöl
4 Scheiben Rindsleber, je 150 g
Salz
frisch gemahlener Pfeffer

1 EL Butter
1–2 große rotbackige Äpfel
1 dl/100 ml Apfelwein

1

Das Kerngehäuse der Äpfel ausstechen, die Früchte in 1 cm dicke Scheiben schneiden und in einer Bratpfanne in der Butter andünsten, mit dem Apfelwein ablöschen, Äpfel bei schwacher Hitze nicht zu weich kochen.

2

Die Leber mit Küchenpapier trocken tupfen, würzen und im heißen Erdnussöl bei starker Hitze beidseitig kurz braten. Mit den Apfelscheiben garnieren.

1 grüner Peperoni/Paprikaschote
500 g Kalbsbrät
1 Sträußchen Petersilie
Salz
frisch gemahlener weißer Pfeffer
wenig Paprikapulver

8 Scheiben Weiß- oder Toastbrot

St. Galler Brätschnitten

1

Den Peperoni halbieren, den Stielansatz und die Kerne entfernen. Die eine Hälfte nochmals längs halbieren und dann quer in Streifchen schneiden. Die andere Hälfte in Würfelchen (Brunoise) schneiden. Die Petersilie fein hacken.

2

Den Backofen auf 200 °C vorheizen.

3

Kalbsbrät, Peperoniwürfelchen und Petersilie vermengen, mit Salz, Pfeffer und Paprikapulver würzen.

4

Die Brätmasse auf den Brotscheiben verstreichen. Auf ein Backblech legen.

5

Das Backblech in der Mitte in den Backofen schieben, die Brätschnitten bei 200 °C etwa 15 Minuten backen, bis die Brätmasse fest ist. Mit den Peperonistreifen garnieren.

600–800 g Siedfleisch/ Rindsfleisch für Suppe
1½ l Wasser
2 EL Salz
1 große Zwiebel
4 Lorbeerblätter
einige Gewürznelken
2–3 Karotten
1 kleiner Knollensellerie
¼ Wirz/Wirsing
2 kleine Lauchstangen
1 Sträußchen Petersilie
Salz
frisch gemahlener Pfeffer

Siedfleisch nach Art der Schweizer Armee

1

Fleisch, Wasser und Salz in einen großen Kochtopf geben. Die Zwiebel schälen, vierteln, Viertel mit Lorbeerblatt und Gewürznelken bestecken, zum Fleisch geben, aufkochen, das Siedfleisch bei schwacher Hitze etwa 90 Minuten kochen, den sich anfänglich bildenden Schaum abschöpfen.

2

Das Gemüse putzen/schälen, in mundgerechte Stücke schneiden, nach 1 Stunde Garzeit zusammen mit der Petersilie zum Fleisch geben, fertig garen.

3

Die Petersilie entfernen, die Suppe abschmecken. Das Fleisch in Würfel schneiden, mit der Suppe anrichten.

500 g Blätterteig

Füllung

4 rohe Schweinsbratwürste
1 Knoblauchzehe, durchgepresst
1 mittelgroße Zwiebel, fein gehackt
1 EL Tomatenpüree/-mark
abgezupfte Majoranblättchen
frisch gemahlener Pfeffer

1 Eigelb zum Bepinseln

Blätterteigkrapfen

1

Den Teig 2 bis 3 mm dick ausrollen, 8 gleich große Rechtecke schneiden.

2

Das Schweinsbrät mit einer Gabel aus der Haut lösen, Knoblauch, Zwiebeln, Tomatenpüree und Majoran zugeben und gut vermengen, mit Pfeffer abschmecken.

3

Den Backofen auf 220 °C vorheizen.

4

Das Schweinsbrät auf den Teig-Rechtecken auf einer Hälfte in die Mitte verteilen, den Teig zusammenklappen, die Ränder mit einer Gabel gut andrücken. Mit Eigelb bepinseln und auf ein kalt abgespültes Backblech legen.

5

Das Blech in der Mitte in den Ofen schieben, die Teigkrapfen bei 220 °C 20 Minuten backen.

Blätterteigpastetchen mit Milkenfüllung

4–8 Blätterteigpastetchen, je nach Größe

- 1 EL Bratbutter/Butterschmalz
- 600 g Kalbsmilken/-bries
- 3 EL Butter
- 2 EL Mehl
- 1 dl/100 ml Weißwein
- 1 dl/100 ml Gemüsebrühe
- 1 dl/100 ml Rahm/Sahne
- Salz
- frisch gemahlener weißer Pfeffer
- 2 EL fein geschnittener Schnittlauch

1

Die Kalbsmilken 2 Stunden in kaltes Wasser legen, das Wasser 2 bis 3 Mal wechseln. So bekommen die Milken eine festere Konsistenz. Die Milken gut abtropfen lassen und mit Haushaltpapier trocken tupfen. In der heißen Butter kurz braten.

2

Den Backofen auf 200 °C vorheizen.

3

Für die Sauce die Butter schmelzen, das Mehl unterrühren und andünsten, mit dem Weißwein und der Gemüsebrühe ablöschen, unter Rühren erhitzen, die Milken zugeben und bei schwacher Hitze 15 Minuten köcheln lassen. Den Rahm zugeben, nochmals erhitzen, mit Salz und Pfeffer abschmecken. Den Schnittlauch unterrühren.

4

Die Blätterteigpastetchen im Backofen bei 200 °C 5 Minuten erwärmen.

5

Die Milkenfüllung in die Pastetchen füllen. Sofort servieren.

1 dl/100 ml handwarme Milch
50 g Weißbrotwürfelchen
500 g Kalbsbrät
1 Schalotte, fein gehackt
1 Bund Schnittlauch, fein geschnitten
Salz
frisch gemahlener Pfeffer

1 l Fleischbrühe
1 Lorbeerblatt

Béchamelsauce
3 EL Butter
2 EL Mehl
3 dl/300 ml Brühe von den Brätkügelchen
1 dl/100 ml Rahm/Sahne
Salz
frisch gemahlener Pfeffer

Brätkügeli nach Großmutter Art

1

Die Brotwürfelchen in der warmen Milch etwa 10 Minuten einweichen, mit einer Gabel fein zerstoßen.

2

Brot, Kalbsbrät, Schalotten und Schnittlauch vermengen, würzen.

3

Die Fleischbrühe mit dem Lorbeerblatt aufkochen. Aus der Kalbsbrätmasse mit 2 Teelöffeln Kügelchen formen, in der Brühe unter dem Siedepunkt etwa 5 Minuten gar ziehen lassen, in ein Sieb abgießen, 3 dl/300 ml Brühe für die Sauce auffangen.

4

Für die Béchamelsauce die Butter schmelzen, das Mehl unterrühren und andünsten, mit der Brühe ablöschen, glatt rühren, aufkochen, unter zeitweiligem Rühren etwa 15 Minuten köcheln lassen. Den Rahm unterrühren, die Brätkügelchen beifügen, erwärmen und ein paar Minuten ziehen lassen, abschmecken.